생활 속
수학 공부

생활 속 수학공부

글 과수원길 | **그림** 이창섭 | **감수** 전국수학교사모임 이동흔
초판 1쇄 펴냄 2012년 6월 5일 | **초판 3쇄 펴냄** 2017년 6월 15일
주간 오세경 | **책임편집** 과수원길(조인하, 김수주) | **편집** 조정원
마케팅 송유근 | **디자인** 전혜순

펴낸이 김남호 | **펴낸곳** 현북스 | **주소** 서울시 마포구 성지길 27, 4층
전화 02)3141-7277 | **팩스** 02)3141-7278 | **홈페이지** www.hyunbooks.co.kr
등록번호 제313-2010-333호 | **등록일** 2010년 11월 11일

ⓒ 과수원길, 이창섭, 2012

ISBN 978-89-97175-16-1 74410
ISBN 978-89-97175-11-6(세트)

신저작권법에 의하여 보호를 받는 저작물이므로 무단 전재 및 복제를 금지하며,
이 책 내용의 전부 또는 일부를 이용하려면 반드시 저작권자와 현북스의 허락을 받아야 합니다.

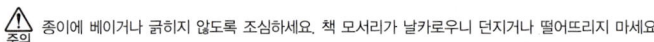

생활 속 수학 공부

과수원길 글 | 이창섭 그림 | 전국수학교사모임 이동훈 감수

차례

1 아침에 홀딱! 수학에 반하다

☀ 우수하지 못한 가우수 · 8

줄넘기는 내가 더 많이 했는데! · 10
- 꺾은선그래프 - 학교생활 만족도 그래프 그리기

1시 20분? 1시간 20분? · 14
- 시각과 시간 - 하루 생활의 시각과 시간은?

우리 반 아이들 수가 늘었어! · 18
- 분류와 집합 - 나의 혈액형은 어느 집합에 속할까?

빵이 모자라! · 22
- 분수와 단위 분수 - 피자 만들기 놀이로 분수 익히기

내년 크리스마스는 무슨 요일일까? · 26
- 나눗셈과 나머지 - 나머지 게임

2 점심에 홀딱! 수학에 반하다

사다리 타기가 이상해! · 32
- 일대일 대응 - 암호 만들기

순식간에 퍼진 행운의 편지 · 36
- 거듭제곱 - 종이를 10번 접으면 두께가 얼마일까?

우리 반 애들은 모두 거짓말쟁이! · 40
- 역설의 논리 - 역설 문제를 내 보자!

시화전에서 길을 잃다 · 44
- 한붓그리기 - 동물원이나 놀이공원의 동선 짜기

'꽝'이 많이 걸리는 돌림판 · 48
- 경우의 수와 확률 - '뱀의 눈' 게임

이자를 더 받았다고? · 52
- 단리와 복리의 수열 - 삼각수의 수열

로봇을 더 비싸게 샀다고? · 56
- 백분율과 기준량 - 백분율 카드 놀이

엄마의 심부름 · 60
- 부피와 들이 - 수학으로 팬케이크 만들기

큰 고구마는 쪼개서 굽는다고? · 64
- 입체 도형의 겉넓이 - 우리 몸의 겉넓이 구하기

단풍 구경? 사람 구경! · 68
- 어림셈과 근삿값 - 신문에서 어림셈 찾기

3 저녁에 흠딱! 수학에 반하다

피자 시켜 먹자! · 74
- 원의 넓이 - 친구와 다트 놀이

아빠의 고민 · 78
- 방정식 - 방정식을 이용한 마술

믿을 수 없는 여론 조사 · 82
- 모집단과 표본 - 인기 투표를 해 보자!

붙이는 멀미약 주세요! · 86
- 수의 범위 - 내비게이션이 되어 보자!

입을 옷이 없어요! · 90
- 조합과 경우의 수 - 나만의 세트 메뉴 만들기

 항상 우리 곁에 살아 숨 쉬는 수학 원리 · 94
찾아보기 · 96

우수하지 못한 가우수

오전 7시, 집 안 거실

줄넘기는 내가 더 많이 했는데!

꺾은선그래프

줄넘기를 한 개수는 가우수가 더 많은데 아빠가 가우량을 칭찬한 이유는 꺾은선그래프를 통해 가우량의 실력이 꾸준히 늘었다는 것을 알아냈기 때문이야.

교과 연계

- 4-2 수학
  7. 꺾은선그래프

그래프란?

'그래프'란 자료를 점, 선, 막대, 그림 등을 이용하여 나타낸 거야. 조사한 내용을 한눈에 알아보기 좋지. 예를 들어 왼쪽 막대그래프를 보면, 좋아하는 애완동물의 수를 한눈에 비교할 수 있고, 그중 개를 좋아하는 사람이 가장 많음을 바로 알 수 있어.

꺾은선그래프란?

그럼 꺾은선그래프를 보면 무엇을 알 수 있을까? '꺾은선그래프'는 자료의 양을 점으로 찍고 그 점들을 선분으로 연결한 그래프야. 자료가 시간에 따라 연속적으로 변하는 모양과 정도를 한눈에 알 수 있지. 이때, 선분의 기울기가 심하면 변화가 크다는 뜻이고, 기울기가 완만하면 변화가 작다는 뜻이야.

아빠가 그린 꺾은선그래프를 보면, 가우수가 가우량보다 줄넘기를 한 개수는 더 많지만 거의 변화가 없지? 반면에 가우량은 줄넘기를 한 개수가 계속 늘고 있어. 그래서 아빠는 가우량의 실력이 꾸준히 늘었다는 것을 알 수 있었지.

나도 꼬마 수학자!

학원 성적이 아주 조금 올랐을 때 생색내려면, 세로축의 눈금 단위를 아주 작게 하여 꺾은선그래프를 그림으로써 그래프의 기울기를 더 심하게 만들어 보자.

학교생활 만족도 그래프 그리기

준비물

모눈종이

연필

자

❶ 한 달 동안의 학교생활을 돌이켜 본다.

❷ 가로 눈금은 날짜로 하고, 세로 눈금은 1~10 까지의 만족도로 한다.

❸ 가장 기분 좋고 알차게 보낸 날을 10점, 가장 힘들게 보낸 날을 1점으로 하여 날짜별로 만족도를 점으로 찍고, 점을 선분으로 연결한다.

▶생각이 잘 안 나면 일기장을 참고하거나 부모님께 여쭤 봐. 어때? 그래프의 선분이 위로 올라가면 학교생활의 만족도가 높아진다는 뜻이니까 계속 이대로 알차게 생활하면 되겠지? 반대로 아래로 내려가면 학교생활이 점점 힘들어진다는 뜻이니까 원인을 찾아 해결하는 것이 좋아.

수학으로 생각 열기

신문이나 뉴스에서 꺾은선그래프가 나오면 가로축을 잘 보자. 중간에 눈금의 단위를 바꾸어 기울기를 달라 보이게 하기도 한다. 예를 들어 눈금이 1년씩이다가 슬쩍 3개월씩으로 바꾸기도 한다.

1시 20분? 1시간 20분?

오전 8시 10분, 집 안 거실

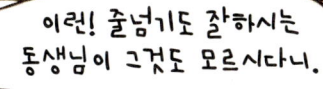

시각과 시간

가우수가 '1시 20분'과 '1시간 20분'의 차이를 알지 못한 이유는 시각과 시간이 무엇인지, 그리고 둘의 차이가 무엇인지 잘 알지 못했기 때문이야.

교과 연계
- 3-1 수학
  8. 길이와 시간

시각과 시간의 뜻

'시각'은 '10시 30분'처럼 어느 한 시점을 나타내는 거야. 그리고 '시간'은 어떤 시각부터 어떤 시각까지의 사이를 말해. 그런데 시간과 시간은 더할 수도 있고 뺄 수도 있어. 즉 (시간)+(시간)=(시간)이고, (시간)-(시간)=(시간)이야. 예를 들어 1시간 동안 국어 숙제를 하고 1시간 10분 동안 영어 숙제를 했다면, 숙제한 시간은 전부 더해서 2시간 10분이지.

시각과 시간의 합과 차

그럼 시각과 시간도 더하거나 뺄 수 있을까? 물론이지. (시각)+(시간)=(시각)이고, (시각)-(시간)=(시각)이야. 예를 들어 기차를 타고 1시간 20분 달려 10시 30분에 도착했다면 몇 시에 출발한 것일까? 10시 30분에서 1시간 20분을 빼야 하니까 9시 10분이 되는 거야. 그럼 시각에서 시각을 뺄 수 있을까? 물론 뺄 수 있어. (시각)-(시각)=(시간)이거든. 따라서 12시 20분에 끝나는 가우량은 1시 40분에 끝나는 가우수를 얼마나 기다려야 할지 알 수 있어. 오후 1시(13시) 40분에서 12시 20분을 빼야 하기 때문에 '1시간 20분'을 기다려야 한다고 하는 것이 맞아.

나도 꼬마 수학가!
시간의 길이에 대해 감각을 익혀 놓자. 1분이면 노래를 몇 마디 할 수 있는지, 10분이면 집에서 얼마만큼 떨어진 곳까지 갈 수 있는지 등등.

하루 생활의 시각과 시간은?

아침에 몇 '시'에 일어나는지, 숙제는 몇 '시간' 동안 하는지, 하루 생활을 시각과 시간으로 나타내 볼까?

방법은 간단해. 어떤 일을 시작한 시각을 적고 끝난 시각을 적는 거야. 그리고 끝난 시각에서 시작한 시각을 빼면 그 일을 하는 데 걸린 시간을 알 수 있지. 알아보기 쉽게 적으려면 표를 짜는 것이 좋겠지? 단, '기상'처럼 시각만 있는 일은 '시작한 시각'에 적어.

> **수학으로 생각 열기**
>
> 시각과 시각을 더할 수는 없다. '오전 9시 +오후 2시'는 아무런 의미가 없는 계산이기 때문이다.

오늘 할 일	시작한 시각	끝난 시각	걸린 시간
기 상	7시 30분		
학교 갈 준비	7시 30분	7시 50분	20 분
아침 식사	7시 50분	8시 20분	30 분
학교 가기	8시 20분	8시 40분	20 분
학교 수업	9시	1시 30분	4시간 30분

이렇게 하루 생활의 시각과 걸린 시간을 적어 보면 내가 하루의 시간을 어디에 어떻게 쓰는지 한눈에 알 수 있어. 따라서 시간을 규모 있게 쓸 수 있고, 공부나 쉬는 시간 등을 계획하는 데에도 도움이 될 거야.

우리 반 아이들 수가 늘었어!

오전 8시 50분, 학교 교실

분류와 집합

가우수가 반 학생들의 수가 더 많아졌다고 생각한 이유는 분류와 집합의 성질을 잘 알지 못했기 때문이야.

교과연계
- 1-1 수학
  6. 50까지의 수

분류와 집합

과일 가게에 가면 귤, 사과, 배 등이 뒤섞여 있지 않고 끼리끼리 놓여 있지? 이처럼 성질이 같은 것끼리 나누어 놓는 것을 '분류'라고 하고, 분류할 때 나누는 조건의 기준을 '분류 기준'이라고 하지. 이렇게 분류 기준에 따라 모인 요소들의 모임, 즉 어떤 조건을 만족하는 요소들의 모임을 '집합'이라고 해. 그리고 집합을 이루는 요소를 '원소'라고 하지.

집합의 종류

가우수가 계산한 학생 수와 실제 학생 수가 다른 이유는 두 번 손든 학생이 9명 있었기 때문이야. 이를 집합으로 생각하면 쉬워.

동물원에 가고 싶다고 한 학생의 집합을 A, 놀이공원에 가고 싶다고 한 학생의 집합을 B라고 하자. 이때 둘 다 좋다는 학생의 집합은 집합 A에도 속하고 집합 B에도 속하는 원소로 이루어진 집합이야. 이런 집합을 '교집합'이라고 해. 그리고 둘 다 싫다는 학생의 집합은 어느 집합에도 속하지 않는 집합인데, 이를 '여집합'이라고 하지. 따라서 반 학생 수는 집합 A의 원소 수에 집합 B의 원소 수를 더하고, 두 번 더해진 교집합의 원소 수를 뺀 다음, 여집합의 원소 수를 더하면 돼. 즉 15+23-9+3=32명이 되지. 딱 맞지?

> **나도 꼬마 수학가!**
> 책장에 책을 꽂을 때 분야에 따라 분류해 보자. 과학책, 사회책, 동화책 등으로 기준을 세워 분류해 두면 찾기 쉬울 것이다.

따라 해 볼래?

나의 혈액형은 어느 집합에 속할까?

수혈과 헌혈을 할 때에는 혈액형을 반드시 알아야 해. 우리가 가장 많이 아는 혈액형은 에이비오(ABO)식 혈액형이야. ABO식 혈액형은 크게 A 항원만 가진 A형, B 항원만 가진 B형, 항원이 없는 O형, A 항원과 B 항원을 둘 다 가진 AB형으로 나눌 수 있지. A 항원을 가진 사람들의 집합을 집합 A, B 항원을 가진 사람들의 집합을 집합 B라고 하면, 혈액형 사이의 관계를 집합으로 나타낼 수 있어.

자, 그럼 내 혈액형이 어느 부분에 속하는지 알아볼까?

> **수학으로 생각 열기**
>
> 인터넷 카페나 동호회는 '인터넷을 이용하는 사람들의 집합'과 '어떤 분야를 좋아하는 사람들의 집합'의 교집합이다. 이런 집합을 하나씩 가지는 것도 좋다.

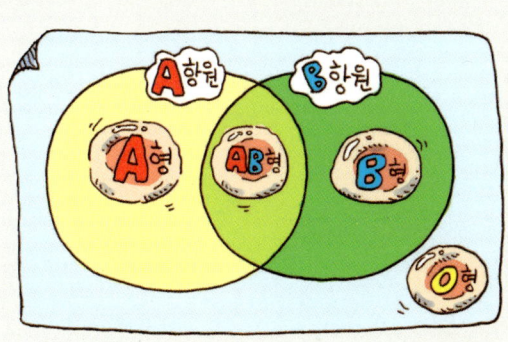

❶ 내가 A형이라면, 내가 속한 곳은 집합 A에서 집합 A와 집합 B의 교집합인 AB형 부분을 뺀 노란색 부분이야.

❷ 내가 O형이라면, 내가 속한 곳은 두 집합 A와 B 중 어디에도 속하지 않는 여집합인 하늘색 부분이야.

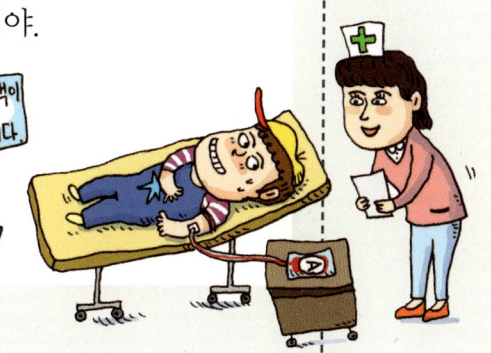

빵이 모자라!

분수와 단위 분수

지예는 단위 분수에 대해 정확히 알고 있었기 때문에 3개의 빵을 4명이 먹을 수 있게 나눌 수 있었던 거야.

교과 연계

- 3-1 수학
  7. 분수

분수와 단위 분수

나눗셈식은 분수로 나타낼 수 있어. '분수'란 전체에 대한 부분을 나타내는 수야. 가로선을 긋고 가로선 아래(분모)는 전체를 쓰고, 가로선 위(분자)는 부분을 써서 나타내지. 분수 중에 분자가 1인 분수를 '단위 분수'라고 하는데, '전체를 몇 등분한 것 중에 1'이라는 뜻이야. $\frac{1}{5}$은 전체를 5등분한 것 중에 1이라는 뜻이야. 그리고 $\frac{3}{5}$은 $\frac{1}{5}$이 3개 모인 것과 같지.

분수를 단위 분수의 합으로 나타내기

그런데 지예가 빵 3개를 넷으로 나눈 게 분수랑 어떤 관계가 있냐고? 이 문제는 $\frac{3}{4}$을 단위 분수의 합으로 나타내라는 문제거든. 방법은 쉬워. $\frac{3}{4}$보다 작은 단위 분수 중 가장 큰 수를 빼는 거야. 결과가 단위 분수가 될 때까지 이 뺄셈을 되풀이하지. $\frac{3}{4}$보다 작은 단위 분수 중 가장 큰 수는 $\frac{1}{2}$이야. $\frac{3}{4} - \frac{1}{2} = \frac{3}{4} - \frac{2}{4} = \frac{1}{4}$, $\frac{1}{4}$은 단위 분수이므로 계산은 끝. 따라서 $\frac{3}{4} = \frac{1}{2} + \frac{1}{4}$로 나타낼 수 있지. 그래서 빵 한 개를 2조각으로 나눈 것 중 하나와 4조각으로 나눈 것 중 하나를 각자 가지게 된 거야.

나도 꼬마 수학자!

악보에서도 분수를 볼 수 있다. 온음표는 음의 길이가 1, 2분 음표는 온음표의 $\frac{1}{2}$, 4분 음표는 온음표의 $\frac{1}{4}$이다.

피자 만들기 놀이로 분수 익히기

준비물

둥근 색종이 색깔별로 4장 이상

자

칼이나 가위

펜

통

① 둥근 색종이들을 색깔별로 2등분, 3등분, 4등분, 8등분으로 잘라 '피자 조각'을 만든다.

② 피자 조각 뒷면에 분수를 써서 표시한다. 2등분한 것은 $\frac{1}{2}$, 3등분한 것은 $\frac{1}{3}$, 4등분한 것은 $\frac{1}{4}$, 8등분한 것은 $\frac{1}{8}$로 적는다.

③ 피자 조각들을 모두 통에 담아 섞어 놓고, 돌아가면서 손을 넣어 한 조각씩 고른다.

④ 피자 조각을 맞추어 완전히 둥근 피자를 만든다. 피자를 제일 많이 만든 사람이 이긴다.

수학으로 생각 열기

복숭아 통조림을 살 때 통조림 안의 복숭아가 어떤 식으로 잘려 있는지 보지 않고도 맞힐 수 있다. '2절'이라고 씌어 있으면 $\frac{1}{2}$로, '8절'이라고 씌어 있으면 $\frac{1}{8}$로 잘려 있을 것이다.

▶ 예를 들어 2등분한 것 하나, 4등분한 것 하나, 8등분한 것 2개를 모으면 $\frac{1}{2}+\frac{1}{4}+\frac{1}{8}+\frac{1}{8}=\frac{4}{8}+\frac{2}{8}+\frac{1}{8}+\frac{1}{8}=1$이 되어 완전한 피자 한 판이 돼. 놀면서 분수도 확실히 익히니 일석이조겠지?

내년 크리스마스는 무슨 요일일까?

나눗셈과 나머지

문기가 내년 달력을 보지 않고도 내년 크리스마스가 무슨 요일인지 알아맞힌 것은 달력이 나눗셈과 관련 있다는 것을 알았기 때문이야.

교과 연계

- 3-2 수학
  4. 나눗셈

나눗셈과 나머지

나눗셈은 어떤 수를 똑같은 수로 묶어 덜어 내거나 몇 군데로 똑같게 나누는 연산을 말해. 13을 5로 나누면 나누어지는 정수 부분은 2이고 3이 남지? 이를 식으로 나타내면 '13÷5=2⋯3'이야. 이때 2를 '몫'이라고 하고, 나누어떨어지지 않고 남는 수 3을 '나머지'라고 해.

달력에 숨은 나눗셈

나눗셈에 대해 알았으니 달력을 보자. 오늘이 수요일이면 7일 전도 수요일, 7일 후도 수요일이야. 1주일은 7일이기 때문이지. 그럼 1년은 몇 주일인지 계산할 수 있겠지? 1년은 365일이고 1주일은 7일이니까, 365를 7로 나누면 돼. '365÷7=52⋯1'로 몫이 52, 나머지가 1이야. 즉, 1년은 52주하고 하루가 더 있는 셈이지. 따라서 1년이 지날 때마다 요일은 하루씩 뒤로 가서, 올해 크리스마스가 일요일이면 내년 크리스마스는 월요일이 되는 거야. 단, 2012년과 같은 '윤년'은 1년이 366일이므로, 윤년의 이듬해는 요일이 이틀 뒤로 간다는 것, 명심해!

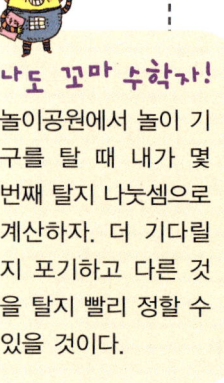

나도 꼬마 수학자!

놀이공원에서 놀이 기구를 탈 때 내가 몇 번째 탈지 나눗셈으로 계산하자. 더 기다릴지 포기하고 다른 것을 탈지 빨리 정할 수 있을 것이다.

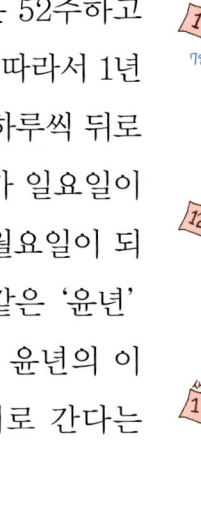

나머지 게임

준비물

게임판

1~9까지의
숫자 카드
2~4벌

말

❶ 숫자 카드를 한 벌씩 갖고 엎어 놓는다.

❷ 첫 번째 사람이 숫자 카드 1장을 뽑아 게임판의 첫 번째 수를 그 카드에 적힌 수로 나누어, 나머지에 해당하는 칸만큼 말을 옮긴다. 만약 나머지가 0이면 움직이지 못한다.

❸ 한 사람씩 순서대로 돌아가면서 ❷번 과정을 반복한다.

❹ 가장 먼저 도착하는 사람이 이긴다. 이때, '도착' 칸에 도착할 때에는 정확한 칸 수를 옮겨 딱 맞게 도착해야 한다. 이동할 칸 수가 '도착' 칸을 넘어갈 경우에는 그 자리에 머무른다.

▶ 예를 들어 위 그림의 가우수처럼 말이 '34'에 있고 숫자 카드 3을 뽑았다면, '34÷3=11…1'이므로 한 칸 옮기면 돼. 이렇게 나머지 게임을 하다 보면, 나머지가 있는 나눗셈을 자연스럽게 익혀 모두모두 나눗셈 왕이 될 수 있을 거야.

수학으로 생각 열기

우리가 하는 놀이에서도 나눗셈이 사용된다. 모두 손을 잡고 빙글빙글 돌다가 "셋!"이라고 외쳤을 때 셋씩 뭉치고 남은 사람이 술래를 하는 '짝짓기 놀이' 말이다.

사다리 타기가 이상해!

일대일 대응

지예가 사다리 타기는 공정한 게임이라고 말한 이유는 사다리 타기가 일대일 대응을 이용한 게임이기 때문이야.

교과 연계
- 4-2 수학
  8. 규칙 찾기와 문제 해결

일대일 대응이란?

'일대일 대응'이란 하나의 값이 다른 값에 하나씩 대응하는 것을 말해. 그럼 '대응'이란 뭘까? 대응은 어떤 두 값이 주어진 관계에 따라 짝을 짓는 것을 뜻하지. 내 나이가 열 살이고 오빠 나이가 열두 살이라면, 내 나이가 열한 살일 때 오빠 나이는 열세 살이겠지? 그럼, 내 나이가 '□살'일 때 오빠 나이는 몇 살일까? '(□+2)살'이지. 이렇게 내 나이가 오빠 나이와 하나씩 짝을 짓고 있으니, 내 나이와 오빠의 나이는 일대일 대응이야.

사다리 타기의 일대일 대응

사다리 타기에서 쓰이는 사다리는 위와 아래에 같은 개수의 항목을 적어 놓고 세로줄과 가로줄을 그어서 만들어. 일단 항목을 세로줄로만 연결해 보면 위의 항목과 아래 항목이 하나씩 짝을 짓는 일대일 대응이 확실하지? 그럼 가로줄을 그으면 일대일 대응이 깨지지 않을까? 그렇지 않아. 가로줄을 그으면 대응하는 항목이 자리만 바뀔 뿐, 일대일 대응은 깨지지 않지. 따라서 사다리 타기는 공정한 게임이라는 지예 말이 맞지?

나도 꼬마 수학자!
자동판매기에 동전을 넣고 원하는 음료수의 버튼을 누르면서 생각하자. '음료수와 버튼이 일대일 대응하고 있다.'고 말이다.

암호 만들기

친구와 주고받는 비밀 이야기를 남이 알지 못하게 하고 싶을 때가 있지? 내 일기를 엄마 아빠가 읽지 못했으면 좋겠지? 그럴 땐 짜자잔~! 나만 알 수 있는 방법으로 기록하는 암호를 만들어 봐. 암호는 기호와 글자를 일대일 대응해서 만들 수 있지. 예를 들어 한글 자음과 모음을 쭉 적은 다음 숫자를 하나씩 대응해 봐. 그러면 아래 표처럼 되지.

> **수학으로 생각 열기**
>
> 도서관에 갔을 때 점자로 된 책이 있다면 펼쳐 보자. 점자 기호 하나하나는 한글 자음과 모음, 숫자, 영어 알파벳 등과 일대일 대응을 이룬다.

ㄱ	ㄴ	ㄷ	ㄹ	ㅁ	ㅂ	ㅅ	ㅇ	ㅈ	ㅊ	ㅋ	ㅌ
1	2	3	4	5	6	7	8	9	10	11	12
ㅍ	ㅎ	ㅏ	ㅑ	ㅓ	ㅕ	ㅗ	ㅛ	ㅜ	ㅠ	ㅡ	ㅣ
13	14	15	16	17	18	19	20	21	22	23	24

이제 한글로 원하는 글을 써. 이 글을 각각의 자음과 모음에 대응하는 숫자로 바꾸면 멋진 암호가 되지.

안녕 → 8 15 2 2 18 8
좋아합니다 → 9 19 14 8 15 14 15 6 2 24 3 15

재미있겠지? 나만의 암호를 만들다 보면 일대일 대응은 절대 잊어버리지 않을 거야!

순식간에 퍼진 행운의 편지

거듭제곱

가우수가 딱 두 사람에게만 보낸 '행운의 편지' 문자가 10분도 안 되는 사이에 반 전체에 퍼진 이유는 바로 거듭제곱의 원리 때문이야.

교과 연계
- 2-1 수학
  8. 곱셈

곱셈이란?

물건이 많을 때 하나, 둘 하고 세기도 하지만 몇 개씩 묶어 세기도 해. 빵 20개를 4개씩 묶어 세면 몇 묶음일까? 5묶음이지. 4의 5묶음을 4의 5배라고 정의하고, '4×5'라고 써. 이렇게 같은 수를 몇 번 더한 것과 같은 결과를 얻는 계산을 '곱셈'이라고 해.

거듭제곱이란?

'거듭제곱'이란 같은 수를 여러 번 곱하는 것을 말해. 2를 10번 거듭제곱한다는 것은 다음과 같이 쓸 수 있어.

$$2\times2\times2\times2\times2\times2\times2\times2\times2\times2$$

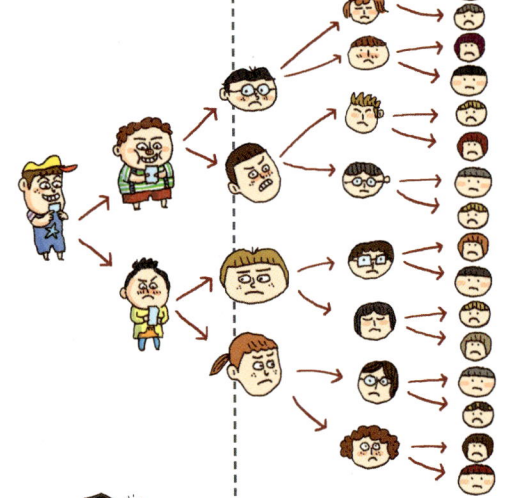

이 거듭제곱으로 가우수의 문자가 빨리 퍼진 이유를 설명할 수 있어. 가우수가 문자를 받고 2분 후에 2명에게 문자를 보내고, 그 2명이 2분 후에 각각 2명에게 문자를 보내고, 그 친구들이 다른 2명에게 문자를 보내고……. 그럼 2분 후에는 1×2=2명, 4분 후에는 1×2×2=4명, 6분 후에는 1×2×2×2=8명, 8분 후에는 1×2×2×2×2=16명, 10분 후에는 1×2×2×2×2×2=32명에게 퍼져. 즉, 2분마다 문자를 받는 사람 수가 2의 거듭제곱으로 불어나는 거지. 따라서 10분만 지나면 반 전체가 문자를 받게 되는 거야. 거듭제곱의 마법, 알겠지?

나도 꼬마 수학자!

밀가루 반죽을 여러 겹으로 접어 구운 빵인 페이스트리는 반죽을 3번만 접어도 2를 3번 거듭제곱한 8층이 된다.

종이를 10번 접으면 두께가 얼마일까?

거듭제곱은 집에 있는 종이만 가지고도 쉽게 확인해 볼 수 있어. 어떻게? 접어서 말이야!

❶ A4 용지를 10번 접으면 두께가 얼마일지 예상해 본다.

❷ A4 용지를 계속 절반씩 접는다.

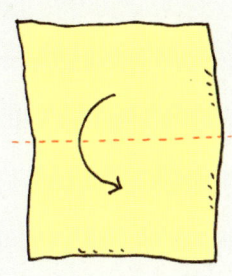 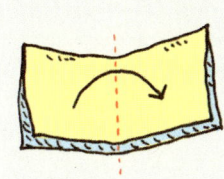 

두께가 얼마라고 예상했어? 1cm? 2cm? A4 용지를 1번, 2번, 3번, …… 접으면 종이의 두께는 2배, 4배(2×2), 8배(2×2×2), …… 로, 즉 2의 거듭제곱으로 늘어나. 그러니까 종이를 10번 접으면 그 두께는 2를 10번 거듭제곱한 1,024배로 늘어나. A4 용지 1장의 두께는 약 0.1mm니까, 10번 접은 두께는 0.1×1024= 102.4mm, 즉 10.24cm가 돼.

그런데 실제로는 A4 용지를 10번 접을 수 없을 거야. 보통 6번 접는 것이 고작이래. 이 경우 2를 6번 거듭제곱한 값을 구해서 A4 용지의 두께인 0.1mm에 곱하면 그 두께를 알 수 있겠지?

수학으로 생각 열기

추운 겨울이나 환절기에 감기에 걸렸다면, 특히 사람 많은 곳에서는 기침할 때마다 내 감기 균이 거듭제곱으로 퍼져 나갈 수 있다는 사실을 알고 얼른 치료하자.

우리 반 애들은 모두 거짓말쟁이!

역설의 논리

지예가 가우수의 말이 '역설'이라고 한 이유는, 가우수의 말이 옳은 말도 아니고 틀린 말도 아닌 모순된 말이기 때문이야.

교과 연계
- 6-2 수학
  8. 문제 해결 방법 찾기

역설이란?

수학에서는 식이나 문장이 논리적으로 참(옳은 것)이냐 거짓(틀린 것)이냐를 가려내는 것이 아주 중요해. 그런데 어떤 식이나 문장이 논리적으로 참이라고 해도 맞지 않고 거짓이라고 해도 맞지 않아서 참이라고도 거짓이라고도 할 수 없는 경우가 있어. 이를 '역설(패러독스)'이라고 해.

'모두 거짓말쟁이다!'의 역설

그럼 가우수가 말한 "우리 반 애들은 모두 거짓말쟁이야!"라는 말은 왜 역설일까? 가우수가 말한 대로 가우수의 반 아이들이 모두 거짓말쟁이라면, 가우수 자신도 그 반에 속하기 때문에 거짓말쟁이가 돼. 따라서 가우수의 반 아이들은 모두 거짓말쟁이가 아닌 게 되지. 반대로 가우수의 말이 거짓이라면, 가우수의 반 아이들은 모두 거짓말쟁이가 아니어야 하지? 이 말에 따르면 가우수가 거짓말쟁이가 아니라는 얘기가 돼. 결국, 가우수의 말은 참이라고도 거짓이라고도 할 수 없는 역설이지. 이 역설과 아주 비슷한 예가 있어. 크레타 섬의 예언자 에피메니데스는 "크레타 섬 사람들이 하는 말은 모두 거짓이다."라고 말했대. 이것도 역설인 것, 이젠 알겠지?

나도 꼬마 수학자!

남자 친구와 헤어진 나를 위로하려고 오빠가 "모든 남자의 말은 다 믿지 마."라고 하면, 역설이라고 해 주자. '모든 남자'에 오빠도 포함되므로 역설에 빠지게 된다.

42

역설 문제를 내 보자!

문제를 내고 해결 방법을 찾는 것은 수학에 있어서 중요한 활동 가운데 하나야. 반 아이들에게 다음 문제를 내 봐. 이걸 맞히는 똑똑한 아이는 꼭 친구 해!

> 어느 마을에 단 한 명의 이발사가 있다. 이 이발사는 자기 수염을 스스로 깎지 않는 마을 사람의 수염만을 깎아 주는 사람이다. 그러면 이 이발사의 수염은 누가 깎아 줄까?

수학으로 생각 열기

우리 집 담에 장난꾸러기들이 낙서를 많이 한다고 '낙서 금지!'라고 써 놓지 말자. 그것도 낙서이므로 앞뒤가 맞지 않게 되어, 역설에 빠지게 된다.

정답은, 이발사의 수염은 아무도 깎을 수 없어. 왜냐고? 찬찬히 생각해 보자. 만약 이발사의 수염을 자기가 깎는다고 해 봐. 그러면 이발사는 '자기 수염을 스스로 깎는 사람'에 속해. 따라서 이발사는 '자기 수염을 스스로 깎지 않는 사람의 수염을 깎아 준다'는 말에 모순되는 행동을 하는 셈이 되지.

그럼 이발사가 수염을 남에게 시켜서 깎는다고 하면 어떨까? 그러면 이발사는 '자기 수염을 스스로 깎지 않는 사람'에 속하게 돼. 그런데 이런 사람의 면도는 모두 이발사가 하기로 했잖아? 따라서 이 역시 앞뒤가 맞지 않는 모순되는 행동이지. 결국, 이발사는 수염을 깎지 못하고 평생 길러야 해.

시화전에서 길을 잃다

한붓그리기

지예가 갔던 길을 다시 가지 않고 한 번에 시화들을 구경할 수 있었던 이유는 한붓그리기에 대해 잘 알았기 때문이야.

교과 연계
- 2-1 수학
  3. 여러 가지 모양

선분과 도형

우리 주위에는 삼각형, 사각형 등 여러 도형이 있지? 삼각형은 선분 세 개로 둘러싸인 도형이고, 사각형은 선분 네 개로 둘러싸인 도형이야. 그런데 선분이 뭘까? '선분'이란 두 점을 곧게 이은 선을 말해. 도형을 둘러싼 선분은 '변'이라고 하고, 변들이 만나서 생기는 점은 '꼭짓점'이라고 해.

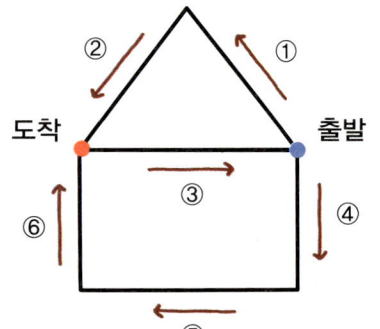

한붓그리기

삼각형은 한 꼭짓점에서 시작해서 한 번도 연필을 떼지 않고 모든 변을 지날 수 있어. 이렇게 도형의 모든 변을 한 번만 지나도록 그리는 것을 '한붓그리기'라고 해. 한붓그리기를 할 수 있는 도형은 모든 꼭짓점이 짝수점이거나 홀수점이 2개인 도형이야. 어? 홀수점은 뭐고 짝수점은 뭘까? 한 점에 연결된 선분의 개수가 홀수면 홀수점, 짝수면 짝수점이라고 하지. 지예는 시화전 전시장의 모양을 위와 같이 간단한 도형으로 만들었어. 그리고 이 도형은 홀수점이 2개여서 한붓그리기를 할 수 있다는 사실을 알았지. 따라서 같은 길을 다시 가지 않고 시화를 다 구경할 수 있었던 거야.

나도 꼬마 수학자!
봉사 활동 등으로 길을 청소할 때 한붓그리기로 경로를 그려서 하면 효율적으로 할 수 있다.

동물원이나 놀이공원의 동선 짜기

동물원이나 놀이공원에 가면 신 나지? 그런데 막상 가면 정작 보고 싶은 것은 못 보고 엉뚱한 곳만 빙빙 돌다가 오는 경우가 많았을 거야. 이제 이런 일은 안녕~. 한붓그리기로 보고 싶은 것들을 골라 알차게 보자!

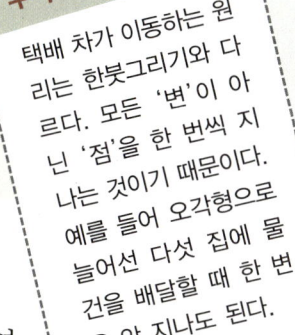

수학으로 생각 열기

택배 차가 이동하는 원리는 한붓그리기와 다르다. 모든 '변'이 아닌 '점'을 한 번씩 지나는 것이기 때문이다. 예를 들어 오각형으로 늘어선 다섯 집에 물건을 배달할 때 한 변은 안 지나도 된다.

❶ 지도를 펼치고 꼭 보고 싶거나 타고 싶은 것들을 고른다.

❷ 고른 것들과 그것들을 연결하는 길을 꼭짓점과 꼭짓점을 연결하는 선으로 바꾸어 단순하게 그린다.

❸ 그려진 도형의 각 꼭짓점이 홀수점인지 짝수점인지 판별하고, 홀수점과 짝수점의 개수를 각각 센다.

❹ 모든 점이 짝수점이거나 홀수점이 두 개면 한붓그리기 가능! 가능하지 않으면 꼭짓점의 개수를 조정한다.

어때? 이제는 헤매지 않고 보고 싶은 것들을 다 볼 수 있겠지? 이렇게 계획을 세우는 동안 한붓그리기를 확실히 알 수 있을 거야.

47

'꽝'이 많이 걸리는 돌림판

경우의 수와 확률

가우수 일행이 돌림판에서 '꽝'이 걸린 이유는 그 돌림판에서 '꽝'이 나올 확률이 가장 높았기 때문이야.

교과 연계
- 6-2 수학
  5. 경우의 수와 확률

경우의 수란?

확률이 무엇인지 알려면 먼저 '경우의 수'를 알아야 해. 주사위 1개를 굴려서 게임을 한다고 생각해 봐. 주사위를 굴렸을 때 나올 숫자의 가짓수는 모두 몇 가지일까? 1, 2, 3, 4, 5, 6. 모두 6가지야. 그럼 주사위를 굴렸을 때 2의 배수가 나올 가짓수는? 2, 4, 6. 모두 3가지야. 이렇게 어떤 일이 일어날 수 있는 경우의 가짓수 또는 방법의 수를 '경우의 수'라고 해.

확률이란?

모든 경우의 수에 대한 어떤 사건이 일어날 경우의 수의 비율을 '확률'이라고 해. 식으로 나타내면 '확률 = $\frac{\text{어떤 사건의 경우의 수}}{\text{모든 경우의 수}}$'이지. 예를 들어 주사위 1개를 굴렸을 때 2의 배수가 나올 확률은 얼마일까? 2의 배수가 나올 경우의 수인 3을 전체 경우의 수인 6으로 나눈 값인 $\frac{3}{6}=\frac{1}{2}$이야. 이제 가우수 일행이 던진 돌림판을 볼까? 돌림판에서 꽝이 나올 확률은 $\frac{6}{12}=\frac{1}{2}$, 음료수가 나올 확률은 $\frac{3}{12}=\frac{1}{4}$, 시식권이 나올 확률은 $\frac{2}{12}=\frac{1}{6}$, 1만 원이 나올 확률은 $\frac{1}{12}$이야. 꽝이 나올 확률이 가장 높네! 그래서 꽝이 많이 걸린 거야. 한편, 확률이 가장 낮은 것은 1만 원이지? 따라서 1만 원은 걸리기가 제일 어려워.

나도 꼬마 수학자!

어른들이 로또를 산다면 말리자. 45개의 숫자 중 6개의 당첨 번호를 모두 맞힐 확률은 $\frac{1}{8,145,060}$로 아주 희박하기 때문이다.

'뱀의 눈' 게임

준비물

주사위 2개

필기도구

❶ 주사위 2개를 원하는 횟수만큼 굴리고 상대방에게 차례를 넘긴다. 그때까지 나온 점수의 합계를 적어 둔다.

❷ 그런데 2개의 주사위 중 하나가 1이 나오면 그 차례에서 얻은 점수를 모두 잃고 상대방에게 차례가 넘어간다.

❸ 또 2개의 주사위 모두 1이 나오면('뱀의 눈'이라고 한다.), 처음부터 그 차례까지 얻은 점수를 모두 잃고 상대방에게 차례가 넘어간다.

❹ 먼저 100점 이상을 얻는 사람이 이긴다.

> **수학으로 생각 열기**
>
> 윷놀이 할 때 "나는 개만 나와~."라고 투덜대는데, 정상이다. 원기둥을 반으로 자른 모양의 윷 4개를 던질 때 도, 개, 걸, 윷, 모가 나올 확률은 각각 $\frac{4}{16}, \frac{6}{16}, \frac{4}{16}, \frac{1}{16}, \frac{1}{16}$로, 개가 나올 확률이 가장 높다.

▶ 주사위 2개를 굴렸을 때 그중 하나만 1이 나올 확률은 $\frac{10}{36}$, 주사위 2개가 모두 1이 나올 확률은 $\frac{1}{36}$이야. 그러니까 자기 차례에서 주사위를 몇 번 굴릴 것인가를 신중하게 결정해서, 적절하게 점수를 쌓은 다음 상대방에게 차례를 넘기는 것이 좋겠지?

단리와 복리의 수열

단리나 복리는 둘 다 저금한 돈에 이자를 붙여 주는 방식을 말하는데, 서로 다른 수열이라서 붙는 이자가 다른 거야.

교과연계
- 4-1 수학
  8. 규칙 찾기

단리의 수열

'수열'이란 일정한 규칙을 가진 수의 나열을 말해. 그럼 단리와 복리는 어떤 수열일까? '단리'란 저금한 금액에 대해서만 이자를 더해 주는 방식을 말해. 가우수가 10만 원을 매년 이자율 10%의 단리로 예금했다면, 1년째의 총액은 '100,000+(100,000×0.1)=110,000원'이야. 2년째에는 다시 원금에만 이자를 더하니까 총액이 '100,000+(100,000×0.1)+(100,000×0.1)=120,000원'이 되지. 이렇게 해마다의 총액을 나열하면 다음과 같아.

100,000, 110,000, 120,000, 130,000, ……

이는 각각 앞의 수에 10,000씩 더해서 뒤의 수가 나오는 수열이지.

복리의 수열

그럼 '복리'란 무엇일까? 저금한 금액과 그에 따른 이자에도 이자를 더해 주는 방식을 말해. 가우수가 10만 원을 매년 이자율 10%의 복리로 예금했다면, 1년째의 총액은 '100,000+(100,000×0.1)=110,000원'이야. 2년째에는 원금과 이자에도 이자를 더하니까, 총액은 '100,000+(100,000×0.1)+(110,000×0.1)=121,000원'이 되지. 이렇게 해마다의 총액을 나열하면 다음과 같아.

100,000, 110,000, 121,000, 133,100, ……

이는 각각 앞의 수에 1.1을 곱해서 뒤의 수가 나오는 수열이야.

나도 꼬마 수학자!

평창이 세 번 시도 만에 동계 올림픽 개최지로 선정되었다는 뉴스를 들었을 때, 올림픽은 4를 더하는 수열이므로 12년 만의 성공이라고 생각했겠지?

삼각수의 수열

1, 3, 6, 10, 15, 21, 28, ……. 이 수들은 정삼각형 모양을 만들기 위해 쓰인 어떤 물건의 개수를 차례대로 나열한 수열이야. 아래 그림을 볼까? 첫 줄에 삼각형을 만들 때에는 1개, 두 줄에 걸쳐 만들 때에는 3개, 세 줄에 걸쳐 만들 때에는 6개가 필요하지? 이렇게 찾은 1, 3, 6 등의 수를 '삼각수'라고 해.

> **수학으로 생각 열기**
>
> 꽃을 보면 꽃잎 수를 세어 보자. 진달래는 1장, 등대꽃은 2장, 백합은 3장, 채송화는 5장, ……. 꽃잎의 수는 앞의 두 수를 더하면 뒤의 수가 나오는 수열인 '피보나치 수열' 중 한 수이다.

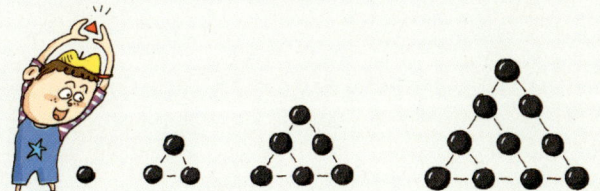

여기서 n번째 삼각수는 연속한 자연수 1부터 n까지 더한 값과 같아. 그런데 30번째 삼각수처럼 큰 삼각수는 구하기 어려워. 큰 삼각수를 쉽게 구할 수 없을까? 물론 있지! 4번째 삼각수를 쉬운 방법으로 구해 보자.

❶ 흰 바둑알 1, 2, 3, 4개를 배열해서 삼각형을 만든다.

❷ 검은 바둑알을 반대로 나열해서 붙인다.

❸ 바둑알의 총 수를 구하고 반으로 나눈다.

바둑알의 총 수는 가로 5개, 세로 4개니까 20개. 흰 바둑알과 검은 바둑알의 개수는 같으므로 원래 구하려는 흰 바둑알의 개수는 반으로 나눈 10개가 되지. 같은 방법으로 30번째 삼각수도 구할 수 있어.

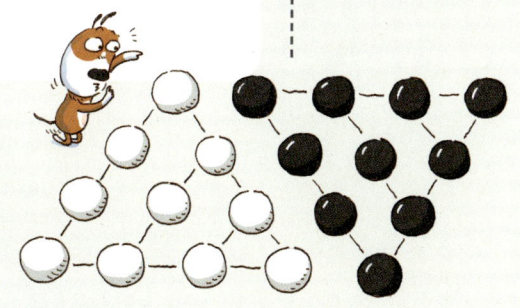

백분율과 기준량

가우수 엄마가 또로롱 로봇을 백화점에서 10% 할인해서 샀는데도 5% 할인하는 완구점보다 더 비싸게 샀다고 한 이유는 백분율의 기준량이 달랐기 때문이야.

교과 연계
- 5-2 수학
  7. 비와 비율

비율이란?

사과 10개와 배 2개가 있을 때 배의 개수를 사과 개수와 비교하면 얼마나 될까? 이런 식으로 배의 개수 2개를 비교하기 위하여 사과 개수 10개를 기준으로 할 때, 2개를 '비교하는 양', 10개를 '기준량'이라고 해. 그리고 기준량에 대한 비교하는 양의 크기 $\frac{2}{10}$를 '비율'이라고 하지.

백분율과 기준량

'백분율'은 기준량을 100으로 했을 때 비교하는 양의 비율이야. '$\frac{비교하는 양}{기준량} \times 100$'으로 구하고, 기호는 퍼센트(%)지. 그런데 백분율에서는 기준량이 중요해. 백분율이 같아도 기준량이 다르면 비교하는 양도 달라지거든. '비교하는 양=기준량$\times\frac{백분율}{100}$'이야. 백화점에서 파는 또로롱 로봇은 원래 가격(기준량)이 2만 원이고 10% 할인하니까 할인 액수(비교하는 양)는 '$20000 \times \frac{10}{100} = 2000$원'이지? 그래서 가우수는 2,000원 할인된 18,000원에 샀어. 완구점에서는 원래 가격이 18,500원이고 5% 할인하니까 할인 액수는 '$18500 \times \frac{5}{100} = 925$원'이네? 따라서 925원 할인된 17,525원에 살 수 있어. 결국 가우수는 475원 비싸게 산 셈이지.

나도 꼬마 수학자!

일기 예보에서 '비 올 확률이 80%'라고 하면 우산을 꼭 가지고 나가자. 100일 중에 80일은 비가 올 정도로 비 올 확률이 높다는 이야기니까.

백분율 카드 놀이

준비물

숫자 카드
(10, 20, 30, 40, 50,
각 4장, 총 20장)

백분율 카드
(10%, 20%, 25%, 50%,
각 5장, 총 20장)

❶ 숫자 카드와 백분율 카드를 각각 가운데에 쌓아 둔다.

❷ 자기 차례가 돌아오면 숫자 카드와 백분율 카드를 1장씩 뒤집어 보여 준다.

❸ 다른 사람들은 숫자 카드와 백분율 카드에 적힌 대로 계산하여 답을 맞힌다. 가장 먼저 답을 맞힌 사람이 뒤집은 2장의 카드를 갖는다.

❹ 카드를 가장 많이 모은 사람이 이긴다.

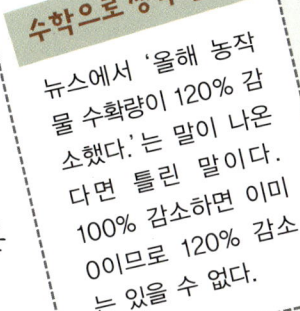

수학으로 생각 열기

뉴스에서 '올해 농작물 수확량이 120% 감소했다.'는 말이 나온다면 틀린 말이다. 100% 감소하면 이미 0이므로 120% 감소는 있을 수 없다.

▶ 숫자 카드 10과 백분율 카드 20%를 보이면, 10의 20%를 계산하여 답인 '2'를 가장 먼저 말한 사람이 카드를 가지면 돼. 계산하면서 백분율도 확실히 익히고, 친구들과 경쟁하면서 재미와 우정을 동시에 잡을 수 있을 거야.

엄마의 심부름

부피와 들이

가우수가 우유와 토마토 주스를 사지 못하고 그냥 온 이유는 부피와 들이 사이의 관계와 단위를 몰랐기 때문이야.

교과연계
- 3-2 수학
  5. 들이와 무게
- 6-2 수학
  3. 직육면체의 겉넓이와 부피

부피와 들이

'부피'는 넓이와 높이를 가진 입체 도형이 공간에서 차지하는 크기를 말해. 입체 도형의 부피를 나타내기 위하여 한 모서리가 1cm인 정육면체의 부피를 단위 부피로 사용하는데, 이 정육면체의 부피를 $1cm^3$이라고 하지. 한편, '들이'는 그릇 안에 담을 수 있는 양의 크기를 말해. 물건의 들이를 나타내기 위하여 안치수의 가로, 세로, 높이가 각각 10cm인 그릇의 들이를 단위 들이로 사용하는데, 이 그릇의 들이를 1L라고 하지.

$1cm^3 = 1mL$

$1000cm^3 = 1L$

부피와 들이 사이의 관계

그럼 부피와 들이 사이에는 어떤 관계가 있을까? 부피는 그릇 자체의 크기이고, 들이는 그릇의 빈 공간만큼 채워지는 액체의 양이야. 그럼 부피와 들이를 나타내는 단위 사이에도 연관이 있을까? 당연히 있지!

$1L = 1,000cm^3$이고, $1mL = 1cm^3$야. 그런데 가우수 엄마가 말했던 cc는 뭘까? cc는 영어 'cubic centimeter(세제곱센티미터)'의 약자로, 한 모서리의 길이가 1cm인 정육면체의 부피야. 결국, cm^3와 똑같은 단위인데 이름을 달리 부를 뿐이지. 그럼 단위 사이의 관계는 어떨까? $1cc = 1cm^3 = 1mL$야. 따라서 500cc = 500mL이고, 1,500cc = 1,500mL = 1.5L가 되는 거야.

나도 꼬마 수학자!

라면은 물 550mL를 넣고 끓이라는 설명이 많다. 500mL 들이의 작은 페트병으로 물의 양을 맞추자. 물의 양을 꽤 정확히 맞출 수 있을 것이다.

수학으로 팬케이크 만들기

준비물

밀가루
베이킹파우더
소금
우유
설탕
버터
달걀 1개
계량컵
계량스푼

❶ 큰 그릇에 밀가루 240mL와 베이킹파우더 2작은 술을 넣고 섞는다.

❷ 또 다른 그릇에 우유 240mL, 달걀 1개, 설탕 1큰 술, 소금 $\frac{1}{2}$작은 술, 녹인 버터 2큰 술을 넣고 섞는다.

❸ ❶의 재료에 ❷의 재료를 넣고 섞는다.

❹ 프라이팬에 굽는다.

▶ 수학을 잘하면 요리를 맛있게 만든다는 것을 알 수 있지? 계량컵과 계량스푼으로 재료의 양을 정확히 재면서 부피와 들이의 단위에 대해 자연스럽게 익힐 수 있을 거야.

수학으로 생각 열기

뉴스에서 '원유 값은 배럴당 98달러'라는 말을 들으면, '배럴'이 들이의 단위라는 것을 알 수 있다. 1배럴= 158.99L이다.

큰 고구마는 쪼개서 굽는다고?

입체 도형의 겉넓이

가우수 엄마가 크기가 큰 고구마를 쪼개서 구운 이유는 고구마의 겉넓이를 넓게 만들어서 빨리 익게 하기 위해서야.

교과연계
- 6-2 수학
  3. 직육면체의 겉넓이와 부피

겉넓이란?

입체 도형을 이루는 모든 겉면의 넓이의 합을 '입체 도형의 겉넓이'라고 해. 그러니까 겉넓이를 구하려면 입체 도형을 이루는 모든 겉면의 개수와 모양을 알아야 하지. 겉면의 개수와 모양을 알려면 전개도를 그려 보는 것이 좋아. 우리에게 친숙한 직육면체의 전개도는 위와 같아. 어때? 직육면체는 넓이가 같은 직사각형 면 3개가 각각 2개씩 있다는 것을 알 수 있지?

겉넓이 구하기

그럼 직육면체의 겉넓이를 구해 볼까? 서로 다른 면 3개의 넓이를 구해서 더한 다음 2배를 하면 돼. 이제 가우수 엄마처럼 고구마 1개를 둘로 나누어 보자. 그럼 자른 면을 따라 2개의 겉면이 더 생겨. 따라서 둘로 나눈 고구마 1개의 겉넓이는 자르지 않은 고구마 1개의 겉넓이에 자른 면 2개의 넓이를 더한 값이 되어 둘로 나눈 고구마의 겉넓이가 더 넓게 되는 거야.

나도 꼬마 수학자!
음식은 꼭꼭 씹어 먹자. 음식이 잘게 쪼개질수록 겉넓이가 넓어져 소화액이 많이 닿아 소화가 쉬워진다.

더 생긴 겉면

우리 몸의 겉넓이 구하기

우리 몸은 평면이 아닌 입체이기 때문에 겉넓이를 구할 수 있어. 우리 몸의 겉넓이를 아는 것은 중요해. 예를 들어 몸의 넓은 부위에 화상 등을 입었을 때 바르는 약의 양을 결정하는 데 필요하기 때문이야. 정확한 값은 아니지만 우리 몸의 겉넓이를 구하는 방법은 3가지가 있어. 편한 방법 하나를 골라 몸의 겉넓이를 구해 보고, 친구들과 비교하는 것도 재미있겠지?

> **수학으로 생각 열기**
>
> 겨울에 가습기 대신 숯을 쓰는 경우가 많다. 숯에는 아주 작은 구멍이 많이 뚫려 있어 겉넓이가 아주 넓다. 그래서 물을 표면에 많이 달라붙게 할 수 있기 때문이다.

❶ 키에 넓적다리 둘레를 곱한 값에 2를 곱한다.

❷ 모눈종이에 손바닥을 그리고 모눈의 개수를 세어 손바닥의 넓이를 구하고, 그 넓이에 100을 곱한다.

❸ 양팔 길이나 키를 잰 후 그 길이를 2번 곱한 값에 $\frac{3}{5}$을 곱한다.

147 × 35 × 2 = 10290(cm²)

120 × 120 × $\frac{3}{5}$ = 8640(cm²)

단풍 구경? 사람 구경!

어림셈과 근삿값

TV 뉴스에서 설악산에 단풍 구경 온 사람의 수를 일일이 세어 보지 않고도 그 수를 보도할 수 있는 이유는 어림셈을 했기 때문이야.

교과 연계
- 2-1 수학
  5. 길이 재기
- 4-2 수학
  6. 수의 범위와 어림

어림셈과 근삿값

'어림셈'은 근삿값을 구하는 일을 말해. 그럼 근삿값은 무엇일까? '근삿값'은 정확한 값인 참값에 가까운 값을 말해. 과수원에서 귤을 땄는데, 어림해 보니 500개였어. 그런데 귤의 개수는 정확히 523개였어. 이때, 500은 근삿값, 523은 참값이지. 근삿값은 우리와 아주 가까이 있어. 대표적인 예가 자나 저울 등으로 재서 얻은 값인 측정값이야. 어? 자나 저울은 정확한데 왜 근삿값이냐고? 사람의 눈으로 어림잡아 보아야 하는 부분이 있어 오차가 생기기 때문이야.

어림셈의 쓰임

어림셈은 아주 많은 숫자를 셀 때 쓸모가 있어. 종이 위에 많은 점이 있다고 생각해 봐. 점의 수는 전체를 같은 크기의 작은 부분으로 나눈 뒤, 작은 부분 1개 안에 있는 점의 개수를 세고 작은 부분의 총 수를 곱해서 구하지. 오늘 설악산을 찾은 사람의 수 10만 명이 이런 식으로 어림해서 나온 값이야. 즉 넓이 $3.3m^2$인 정사각형 땅에 서 있는 사람 수를 센 뒤 정사각형의 총 수(사람이 다니는 전체 넓이를 $3.3m^2$로 나눈 수)를 곱해서 나온 값이야.

나도 꼬마 수학자!
종이 한 장의 두께를 재려면, 종이를 여러 장 모아서 두께를 잰 다음 종이 장 수로 나누어 어림해 보자.

신문에서 어림셈 찾기

신문이나 TV에서는 큰 수를 많이 다루기 때문에 그만큼 어림한 부분도 많아. 신문 하나를 골라 읽으면서 어림셈을 한 부분을 찾아봐. 다음에 나온 예와 같은 글이 신문에 많이 나오는데, 모두 어림셈을 한 거야.

> **수학으로 생각 열기**
> 마트에서 물건을 많이 사도 엄마나 아빠가 물건 값의 합계를 빨리 계산한다면 1,000원 단위로 어림셈을 하기 때문이라고 생각하자.

❶ 이 박물관에는 유물 300여 점이 전시되어 있다.
일일이 세지 않고 일정한 넓이에 있는 유물의 개수를 센 다음, 유물이 전시되는 전체 넓이를 곱하는 어림셈을 한 것이다.

❷ 배우인 아무개는 187cm의 큰 키를 자랑한다.
자로 잰 측정값이다.

❸ 우리나라 사람들은 매년 약 □ 권의 책을 읽는 것으로 드러났다.
한 달 또는 일주일 정도의 기간 동안 읽은 책의 권수를 세고, 그 권수에 12(한 달의 경우)를 곱하거나 52(일주일의 경우)를 곱하는 어림셈을 한 것이다.

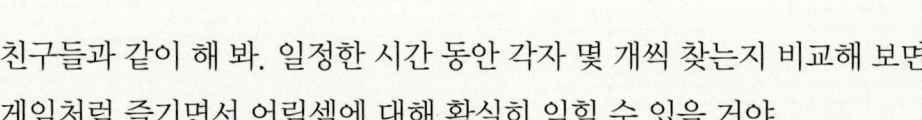
박물관에는 유물 300여 점이 전시되어 있다.

친구들과 같이 해 봐. 일정한 시간 동안 각자 몇 개씩 찾는지 비교해 보면 게임처럼 즐기면서 어림셈에 대해 확실히 익힐 수 있을 거야.

3
저녁에 홀딱! 수학에 반하다

피자 시켜 먹자!

원의 넓이

미디엄 피자와 라지 피자의 넓이가 약 두 배 차이가 나는 이유는 원의 넓이가 반지름을 두 번 곱해서 나오기 때문이야.

교과 연계

- 3-2 수학
  3. 원
- 6-1 수학
  5. 원주율과 원의 넓이

원주와 원주율

원에서 가장 긴 직선 길이를 '지름'이라고 하고, 원의 둘레 길이를 '원주'라고 해. 원 모양 물건들의 원주와 지름을 잰 다음, 원주를 지름으로 나누어 봐. 모든 값이 거의 3.14일 거야. 이 '원의 지름에 대한 원주의 비율'인 3.14를 '원주율'이라고 해. 다시 말하면 원주는 '지름×3.14'야.

원의 넓이

원주율 3.14는 원의 넓이와 큰 연관이 있어. 원의 넓이를 구하는 방법 중 하나는 원을 한없이 잘게 나누어 붙이는 거야. 그럼 거의 직사각형이 돼. 이 직사각형의 가로는 원주의 $\frac{1}{2}$이고, 세로는 지름의 $\frac{1}{2}$인 반지름이 되지. 직사각형의 넓이는 '가로×세로'니까,

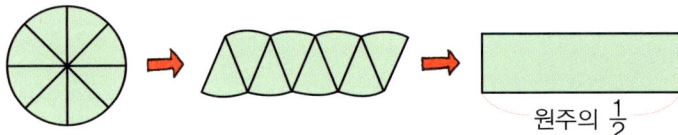

(원의 넓이) = (원주의 $\frac{1}{2}$) × (반지름) = 2 × (반지름) × 3.14 × $\frac{1}{2}$ × (반지름)
= (반지름) × (반지름) × 3.14

그럼 미디엄 피자와 라지 피자의 넓이를 구해 볼까?

미디엄 피자의 넓이 = 12.5 × 12.5 × 3.14 = 490.625(cm^2)
라지 피자의 넓이 = 17.5 × 17.5 × 3.14 = 961.625(cm^2)

두 피자의 넓이가 거의 2배 차이가 나는 것을 알 수 있어. 따라서 라지 피자 한 판을 먹는 것이 가격 면에서 훨씬 이득이지.

나도 꼬마 수학자!

원주율은 '파이(π)'라는 기호로 쓴다. 3월 14일은 원주율을 기념하는 날인 '파이 데이'다. 한 번쯤은 화이트 데이 대신 이날을 기념해 보자.

친구와 다트 놀이

준비물

다른 색
색도화지 2장

흰색 도화지 1장

가위
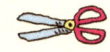

다트

셀로판테이프

❶ 흰색 도화지를 오려 반지름이 10cm인 원 과녁을 만든다.

❷ 서로 다른 색의 색도화지를 오려 붙여 두 영역을 표시한다. 예를 들어 초록색 영역은 중심에서 반지름 2cm인 원, 빨간색 영역은 원의 둘레를 따라 폭이 2cm인 영역이다.

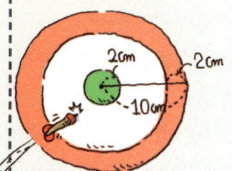

❸ '가위 바위 보'로 초록색과 빨간색 두 영역 중 하나를 고른다. 자기가 고른 영역에 다트를 10번 던져 많이 맞추는 사람이 이긴다.

▶ 더 넓은 영역에 다트가 맞을 가능성이 높으니까 두 영역의 넓이를 각각 구해 보자.

초록색 영역 : $2 \times 2 \times 3.14 = 12.56 (cm^2)$,

빨간색 영역 : $(10 \times 10 \times 3.14) - (8 \times 8 \times 3.14) = 314 - 200.96$
$= 113.04 (cm^2)$

따라서 초록색 영역보다 더 넓은 빨간색 영역을 고르는 것이 좋겠지?

수학으로 생각 열기

두루마리 휴지를 쓸 때, 휴지의 옆면인 원의 반지름이 1에서 $\frac{1}{2}$로 줄면 원의 넓이는 3.14에서 $(\frac{1}{4} \times 3.14)$가 되어 $\frac{1}{4}$로 줄어 이미 $\frac{3}{4}$을 쓴 셈이다. 따라서 그 다음부터는 휴지가 금방 떨어질 것이다.

아빠의 고민

방정식

가우수 외삼촌이 휴대 전화 요금을 정해 줄 수 있었던 이유는 두 휴대 전화 요금 사이의 관계를 방정식으로 풀 수 있었기 때문이야.

교과 연계
- 2-1 수학
  6. 식 만들기
- 6-2 수학
  6. 방정식

방정식이란?

'1+2=3'처럼 등호(=)의 왼쪽과 오른쪽이 같다는 관계를 나타내는 식을 '등식'이라고 해. 그리고 '$x+2=3$'처럼 알 수 없는 수인 미지수 x의 값에 따라 참도 되고 거짓도 되는 등식을 '방정식'이라고 하지.

방정식을 푸는 법

가우수 아빠가 통화를 적게 하면 슬림 요금제, 통화를 많이 하면 표준 요금제를 고르면 돼. 그럼 한 달에 몇 분 통화하는 것을 기준으로 하면 될까? 두 요금제의 요금이 같아지는 시간을 기준으로 하면 되지. 가우수 아빠가 한 달에 x초 통화했을 때 슬림과 표준 요금제의 요금이 같아지는 시간을 구하는 방정식은 다음과 같아.

$$10500+2.8x=12000+1.8x$$

등식은 등호 왼쪽과 오른쪽에서 같은 수를 더하거나 빼거나 0이 아닌 수를 곱하거나 나누어도 같다는 성질이 있어. 그러므로

$$10500+2.8x-10500-1.8x=12000+1.8x-10500-1.8x$$

따라서 $x=1500$이 나와. 이 말은 한 달에 1,500초, 즉 25분을 쓸 때 두 요금제의 요금이 같아진다는 뜻이야. 그런데 가우수 아빠는 한 달에 25분보다 많이 쓰므로 표준 요금제를 골라야 하는 거야.

나도 꼬마 수학자!

횡단보도의 녹색 불이 켜져 있는 시간에도 방정식이 숨어 있다. '녹색 불 켜진 시간=(횡단보도의 길이÷평균 걷는 속력)+여유 시간(4~7초)'이다.

방정식을 이용한 마술

준비물

계산기

조수

친구 여러 명

① 조수를 제외한 친구들에게 번호를 매긴 후, 조수에게 나 모르게 한 친구를 골라 동전을 숨기게 한다.

② 조수에게 계산기로 다음 계산을 시킨다.
㉠ 동전을 숨긴 친구의 번호에 5를 곱한다.
㉡ 13을 더한다. ㉢ 4를 곱한다. ㉣ 88을 더한다. ㉤ 2로 나눈다. ㉥ 50을 더한다.

③ 계산기를 보여 달라고 한 다음, 암산으로 120을 빼고 10으로 나눈다. 그 수가 동전을 숨긴 친구의 번호이다.

수학으로 생각 열기

과속 단속 카메라는 두 카메라 사이의 거리를 가는 데 걸리는 시간을 잰 다음, '(속력)=(거리)÷(시간)'이라는 방정식에 대입하여 속력을 구한다.

▶ 예를 들어 계산한 결과가 190이 나왔다면 몇 번 친구일까?

동전을 숨긴 사람의 번호를 x라고 하면, 다음 방정식이 성립해.

$\{[(x \times 5+13) \times 4]+88\} \div 2 + 50 = 190$

등호 왼쪽을 정리하면 $(x \times 10)+120=190$. 방정식을 풀면 $x=7$이 돼.

따라서 7번 친구가 동전을 가지고 있음을 알 수 있지.

믿을 수 없는 여론 조사

오후 8시 20분, 가우수의 방

모집단과 표본

여론 조사를 할 때 어느 집단에서 몇 명을 대상으로 조사했느냐가 왜 중요하냐면, 그것이 제대로 되어야 조사한 집단 전체가 생각하는 방향을 제대로 알 수 있어서야.

교과 연계
- 2-2 수학
  6. 표와 그래프

모집단과 표본

우리 반 학생들을 대상으로 가장 좋아하는 선물을 조사하는 것은 마음만 먹으면 할 수 있어. 그런데 우리나라 초등학생 전체를 대상으로 가장 좋아하는 선물을 조사하는 것은 거의 불가능하지? 이처럼 전체에 대해 자료 조사를 할 수 없을 경우에는 그중에서 일부를 뽑아내 조사해서 전체의 생각을 추측해. 이때 '우리나라 초등학생'처럼 일정한 성질을 가진 개체 전체의 집단을 '모집단'이라고 해. 그리고 뽑아낸 일부를 '표본'이라고 하지.

모집단   표본

믿을 수 있는 표본의 조건

표본을 뽑아서 조사한 결과가 모집단 전체를 조사한 결과와 비슷하려면, 표본을 믿을 수 있게 뽑아야겠지? 표본은 크기가 클수록 좋은데, 적어도 50명 이상은 되어야 해. 그리고 모집단에서 골고루 뽑아야 하지. 그럼 가우수가 본 여론 조사를 볼까? '우리나라 초등학생 전체'라는 모집단에서 뽑아낸 표본이 '돈마나시 부자동'에 몰려 있으니까 모집단의 성격을 대표한다고 볼 수 없고, 조사한 사람 수도 30명으로 너무 적어. 따라서 표본을 잘못 뽑은 거야.

나도 꼬마 수학자!
국의 간이 맞는지 알아보려면 다 마셔 볼 필요 없이 아무 데나 표본으로 한 숟가락 떠서 맛을 보면 된다.

인기 투표를 해 보자!

우리 학년 학생들에게 가장 인기 있는 연예인은 누구일까? 다 조사할 필요 없이, 표본을 잘 뽑아서 추정해 보자.

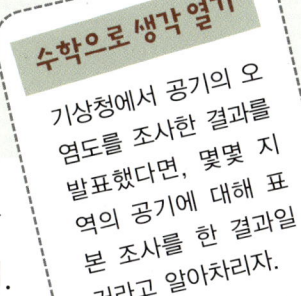

수학으로 생각 열기

기상청에서 공기의 오염도를 조사한 결과를 발표했다면, 몇몇 지역의 공기에 대해 표본 조사를 한 결과일 거라고 알아차리자.

❶ 표본의 수가 많을수록 모집단 전체를 조사한 결과에 가깝다고 했지? 그래도 너무 많은 수를 표본으로 뽑을 수는 없지. 보통 모집단 수의 10% 이하를 표본으로 뽑는 것이 좋아. 단, 표본 수가 50명은 넘어야 해.

❷ 모집단에서 골고루 뽑아야 해. 남학생과 여학생의 비율도 중요하고, 각 반에서 골고루 뽑는 것이 좋지.

❸ 사심 없이 아무렇게나 뽑아야 해. 내 친구들 중에서만 뽑는다든가 나에게 먹을 것을 사 주는 애를 고른다든가 하면 안 되겠지? 각 반의 2번, 7번, 12번, 17번처럼 번호로 뽑는 것도 좋은 방법이야.

이런 식으로 모집단을 대표할 수 있는 표본을 잘 뽑아 조사하면 그 결과를 모집단 전체가 보아도 믿을 수 있는 좋은 여론 조사가 돼. 인기 투표뿐만 아니라 다른 설문 조사에도 적용할 수 있겠지?

붙이는 멀미약 주세요!

오후 9시, 약국

수의 범위

8세 미만은 붙이면 안 되는 멀미약을 8세인 가우량은 붙여도 된다는 약사의 말에 가우수가 고개를 갸우뚱한 이유는 수의 범위를 나타내는 말을 잘 몰랐기 때문이야.

교과연계

- 4-2 수학
  6. 수의 범위와 어림

이상과 이하, 초과와 미만

'이상'은 어떤 수와 같거나 큰 수를 말해. '이하'는 어떤 수와 같거나 작은 수야. '초과'는 어떤 수보다 큰 수, '미만'은 어떤 수보다 작은 수를 말해. 예를 들어 '20 이상인 수'는 20, 21, 22, ……야. '20 이하인 수'는 20, 19, 18, …… 이지. '20 초과인 수'는 21, 22, 23, …… 이 되고, '20 미만인 수'는 19, 18, 17, …… 이 해당되지. 그럼 '8세 미만'은 8세보다 적은 나이인 7세, 6세, 5세, …… 이겠지? 따라서 8세 미만은 붙이면 안 되는 멀미약을 8세인 가우량은 붙일 수 있는 거야.

수의 범위 나타내기

수의 범위를 나타내는 수들은 너무 많아서 다 쓸 수가 없기 때문에 수직선으로 나타내. 예를 들어 '20 이상인 수'와 '20 이하인 수'는 20을 포함하기 때문에 20에 '●' 표시를 해서 나타내. 그런데 '20 초과인 수'와 '20 미만인 수'는 20을 포함하지 않기 때문에 20에 '○' 표시를 해서 나타내지.

나도 꼬마 수학자!
TV 프로그램을 볼 때 ⑦ 표시가 되어 있다면, '7세 이상은 시청할 수 있다.'는 뜻이므로 7세부터는 당당하게 보자.

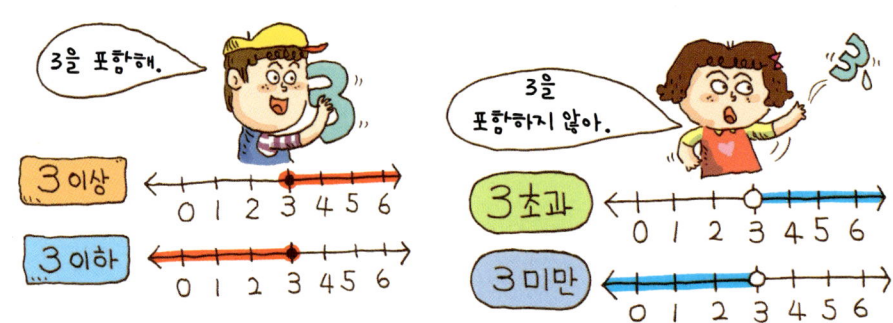

내비게이션이 되어 보자!

차를 타고 가다 보면 '이상', '미만' 등을 표시하는 교통 표지판이 많다는 것을 알 수 있어. 그런 표지에는 차 중량 제한, 차 높이 제한, 차폭 제한, 차간 거리 확보, 최고 속도 제한, 최저 속도 제한 등이 있어.

> **수학으로 생각 열기**
>
> 어느 인터넷 쇼핑몰에서 '1,000포인트 이상 쓰면 선물을 준다.'는 이벤트를 하면, 1,000포인트만 써도 선물을 주어야 한다. 그런데 1,000포인트를 넘어야 선물을 준다고 한다면, '이상'의 뜻을 잘못 알고 있다고 지적해 보자.

차 중량 제한	차 높이 제한	차폭 제한	차간 거리 확보	최고 속도 제한	최저 속도 제한
중량 5.5톤 초과하는 차는 통행 금지	높이 3.5m 초과하는 차는 통행 금지	차의 폭이 2.2m 초과하는 차는 통행 금지	차와 차 사이의 거리 50m 이상 떨어질 것	시속 50km 이하로 달려야 함	시속 30km 이상으로 달려야 함

그럼, 이제 인간 내비게이션이 되어 볼까? 예를 들어, 차를 타고 가다가 앞에 '최고 속도 제한' 표지가 보이면 "시속 50km 이하로 달려 주세요."라고 운전자에게 말해 주는 거야. '차간 거리 확보' 표지가 보이면 "앞 차와의 거리는 50m 이상 유지해야 해요."라고 말해 봐. 내비게이션의 말투를 흉내 내면 더 재미있을 거야.

입을 옷이 없어요!

오후 9시 30분, 가우량의 방

조합과 경우의 수

가우수 엄마가 몇 벌 안 되는 옷으로 서로 다른 패션 48가지가 나온다고 한 이유는 '조합'에 대해 잘 알고 있기 때문이야.

교과 연계

- 6-2 수학
  5. 경우의 수와 확률

조합이란?

'조합'이란 여러 개 가운데에서 순서에 상관없이 짝을 지을 때 나올 수 있는 경우의 수를 말해. 10원짜리 동전과 100원짜리 동전을 동시에 던질 때 나올 수 있는 조합은 얼마일까? 순서는 상관없기 때문에 먼저 뽑는지 나중에 뽑는지는 고려하지 않아. 앞인지 뒤인지만 중요하지. 따라서 조합은 (앞, 앞), (앞, 뒤), (뒤, 앞), (뒤, 뒤)의 네 가지가 돼.

조합과 경우의 수

그림 가우량의 옷을 조합해 볼까? 상의 4벌, 하의(바지와 치마) 4벌, 모자 3개를 조합하면 방법이 몇 가지인지 알 수 있지. 이때, 나뭇가지 그림을 그려 보면 짝짓기를 훨씬 수월하게 할 수 있어. 상의 1벌에 대한 나뭇가지 그림을 그려 보면, 4×3=12가지 조합이 나와. 상의가 4개 있으니까 결국 가우량의 패션은 4×4×3=48가지가 나오지.

이런 식으로 조합하면 돼.

아~

나도 꼬마 수학자!

새 아파트의 벽지, 바닥, 싱크대 문 색깔은 각 항목에 대해 3~4가지 선택지가 나왔을 때 집주인이 그중 하나씩 골라 조합한 것이다.

나만의 세트 메뉴 만들기

패스트푸드점에 가면 메뉴를 고를 때 고민하다가 결국은 별로 마음에 들지 않는 메뉴를 고를 때도 있고, 세트 메뉴를 골라도 그 속에 내가 별로 좋아하지 않는 것이 끼어 들어가 있을 때가 있지? 조합에 대해 알았으니까, 패스트푸드점에 가서도 여러 가지 맛있는 메뉴를 조합하여 다양하게 즐겨 보자.

> **수학으로 생각 열기**
>
> 운동 경기에서 '리그전'으로 시합을 한다는 것은 '조합'의 방식으로 전 경기를 한다는 뜻이다. 3팀이 리그전을 한다면 3경기, 4팀이 한다면 6경기를 할 것이다.

❶ 메뉴를 보고 먹고 싶은 햄버거, 음료수, 사이드 메뉴를 각각 몇 가지씩 고른다.

❷ 햄버거, 음료수, 사이드 메뉴에 대해 나뭇가지 그림을 그려 조합을 만든다.

❸ 나만의 세트 번호를 붙인다.

예를 들어 햄버거 중에서 불고기 버거, 치즈 버거를 고르고, 음료수로 콜라, 사이다, 포도 주스를 고르고, 사이드 메뉴로 고구마볼과 샐러드를 골랐어.
나뭇가지 그림을 그리면 2×3×2=12가지의 조합이 나와. 이제는 패스트푸드점에 올 때마다 고민할 필요 없이 자신 있게 나만의 세트로 다양하게 즐겨 봐!

항상 우리 곁에
살아 숨 쉬는 수학 원리

오후 10시, 가우수의 방

찾아보기

ㄱ
거듭제곱 • 38
겉넓이 • 66
경우의 수 • 50
곱셈 • 38
교집합 • 20
그래프 • 12
근삿값 • 70
기준량 • 58
꺾은선그래프 • 12
꼭짓점 • 46

ㄴ
나눗셈 • 28
나머지 • 28

ㄷ
단리 • 54
단위 분수 • 24
달력 • 28
대응 • 34
도형 • 46
들이 • 62
등식 • 80

ㅁ
모집단 • 84
몫 • 28
미만 • 88

ㅂ
방정식 • 80
백분율 • 58
변 • 46
복리 • 54
부피 • 62
분류 • 20
분류 기준 • 20
분수 • 24
비교하는 양 • 58
비율 • 58

ㅅ
사다리 타기 • 34
삼각수 • 55
선분 • 46
수열 • 54
시각 • 16
시간 • 16

ㅇ
암호 • 35
어림셈 • 70
에피메니데스 • 42
여집합 • 20
역설 • 42
원소 • 20
원의 넓이 • 76
원주 • 76

원주율 • 76
윤년 • 28
이상 • 88
이하 • 88
일대일 대응 • 34

ㅈ
조합 • 92
지름 • 76
집합 • 20
짝수점 • 46

ㅊ
참값 • 70
초과 • 88
측정값 • 70

ㅍ
표본 • 84
피보나치 수열 • 55

ㅎ
한붓그리기 • 46
혈액형 • 21
홀수점 • 46
확률 • 50